¿Qué es ese sonido?

Errol Johnson

Traducción al español: José María Obregón

LECTURAS DEL BARRIO

Rosen Classroom Books & Materials™

New York

—Es hora de dormir —dice papá.
—Muy bien —dice Jimena.

Jimena se lava la cara.
—¿Qué es ese sonido? —dice Jimena.

Plip Plop!

Jimena se cepilla los dientes.
—¿Qué es ese sonido? —dice Jimena.

Plip
Plop!

Jimena se pone su pijama.
—¿Qué es ese sonido? —dice Jimena.

Plip
Plop!

Jimena y su mamá leen
una historia.
—¿Qué es ese sonido? —dice
Jimena.

Plip Plop!

—Mira por la ventana —dice mamá.
—Está lloviendo —dice Jimena.
¡Ése es el sonido!